PROTESTATIONS D'AVON

CONTRE

LES AMBITIONS DE FONTAINEBLEAU

DÉLIBÉRATION

Prise le 8 Juillet 1855,

PAR LE CONSEIL MUNICIPAL

ET

Les plus Imposés d'Avon.

———◆———

Le Président fait connaître à l'Assemblée :

1°. Une délibération en date du 2 septembre 1854, par laquelle le conseil municipal de la ville de Fontainebleau sollicite une nouvelle délimitation entre le territoire de cette ville et celui de la commune d'Avon, dans le but de détacher du territoire d'Avon l'embarcadère du chemin de fer et la route qui y conduit ;

2°. Des enquêtes faites, tant à Fontainebleau qu'à Avon, dans la période du 11 au 27 juin dernier.

3°. Et une nouvelle délibération prise par le conseil municipal de Fontainebleau, le 30 du même mois.

Après cette communication, le Président expose que la délimitation demandée au nom de la ville de Fontainebleau en portant, par une percée, le territoire de cette ville au travers de celui d'Avon, entre les hameaux de Changy et des

Basses-Loges, serait moins régulière que celle qui existe, et que les siècles ont respectée.

Pour détruire l'œuvre des temps les plus reculés, et priver les habitants d'Avon du bonheur de saluer, sur leur territoire, le passage de leur auguste bienfaiteur (1), la ville de Fontainebleau invoque à l'appui de sa prétention : la loi, l'intérêt public, des précédents, son intérêt particulier, le résultat des enquêtes, et l'opinion des commissaires enquêteurs.

§ 1er.

Motifs tirés de la Loi.

L'article 2 du cahier des charges annexé à la loi du 16 juillet 1845, dit que le chemin de fer de Lyon, en partant de Melun, se dirigera sur la ville de Fontainebleau *près* de laquelle il passera. — Delà cette ville conclut que la Station constitue un de ses principaux établissements, tellement qu'on la nomme *Station de Fontainebleau.*

La loi de 1845, en dirigeant la ligne ferrée *près* de cette ville, n'a pas dit qu'elle en traverserait nécessairement le territoire ; elle ne s'est pas occupée de la délimitation des communes. — Quand une ligne de communication a été établie en vue d'un grand centre, vers lequel elle se dirige, elle n'attribue pas à ce centre toutes les portions de territoire qu'elle traverse ; autrement l'admirable division du sol français s'effacerait au profit des principaux centres. — Qu'importe donc que les voyageurs et les touristes traversent, pour arriver à Fontainebleau, une portion du territoire d'Avon ! ils traversent bien d'autres territoires sans laisser derrière eux la trace ou la nécessité d'un changement de limite (2).

(1) L'Empereur daigne témoigner une bienveillance particulière à cette vieille paroisse d'Avon, qui fut longtemps l'asile du palais de François 1er, d'Henri IV, de Napoléon. Récemment, dans la distribution des munificences Impériales, S. M. a eu la bonté de déposer *elle-même* dans les mains du Maire et du Curé des sommes s'élevant à 6,000 francs.

(2) On comprendrait ce changement si la ligne du chemin de fer séparait les deux communes, en laissant l'une d'elles d'un côté, et l'autre du côté opposé, de telle sorte que cette ligne pût servir de bornage. Mais les communes de Fontainebleau et d'Avon, situées sur la même rive, ne peuvent être délimitées par la voie ferrée.

La Station est un établissement du chemin de fer de Paris à Lyon, et non un établissement de la ville. Cette ville en profite, mais elle n'y exerce aucun droit, soit de propriété, soit d'administration, ou même de simple surveillance.

Le nom de cette Station emprunté, suivant l'usage, à la principale localité du voisinage, n'a pas pour effet de changer les circonscriptions communales. On dit la *Station de Fontainebleau*, comme on dit le *Chasselas de Fontainebleau*, en parlant des fruits d'une réputation universelle que produisent Avon, Thomery, Champagne et dix autres communes des environs. Il y a 15 ans, à l'occasion du *Camp de Fontainebleau*, cette ville aurait-elle été admise à réclamer tout ou partie des territoires de St-Martin-en-Bière, Arbonne, etc., situés à 12 ou 15 kilomètres de ses limites !

§ 2.

Motifs fondés sur des prétextes d'intérêt public.

1°. Le courant de la circulation, dit-on, se porte vers la route de l'Embarcadère, devenue une rue de Fontainebleau, où tous moyens de surveillance échappent à l'administration municipale.

Il n'y a pas lieu d'examiner sérieusement si la route *extra muros* et *départementale* dont il s'agit est subitement devenue *une rue de Fontainebleau*.

Mais il faut reconnaître : d'une part, qu'elle n'a pas cessé d'être protégée par la double surveillance de l'administration départementale et de l'administration des ponts-et-chaussées ; — D'une autre part, que la police municipale n'y est ni nécessaire, ni praticable.

Sous les ordres de la police judiciaire et de la police administrative de l'arrondissement, il y a une gendarmerie impériale et un commissaire de police *cantonal* dont la surveillance active et zélée protége complètement la sécurité publique par des moyens sans cesse combinés tout à la fois avec ceux spécialement attachés au chemin de fer, et ceux dont disposent les ponts-et-chaussées.

Jamais l'imperceptible et impuissante police municipale

n'ajoutera aucune force à ces garanties de sécurité publique, et si d'ailleurs il pouvait en être autrement, le garde-champêtre d'Avon serait plus à même que le garde-champêtre de Fontainebleau de porter sa surveillance sur une portion de territoire qui, quoiqu'il arrive, sera toujours enclavée dans le territoire d'Avon qu'il parcourt sans cesse (1).

2°. La route de la gare, dit-on encore, est l'avenue qui conduit de la station au château impérial ; la ville peut seule faire les sacrifices d'entretien et d'embellissement que comporte cette destination.

En parlant ainsi, on oublie que l'avenue en question est une route *départementale* entretenue par le *département* sans le concours de la ville.

Voudrait-on parler d'une avenue qui, du parc impérial, s'embranche sur la route départementale ? — Mais cette avenue est étrangère à la ville de Fontainebleau. Acquise en 1847, — par la compagnie du chemin de fer, — elle a été récemment construite et rendue praticable par les soins et aux frais de la liste civile.

§ 3.

Précédents.

Il est difficile, dans un pareil débat, d'invoquer avec succès des précédents, car la solution dépend toujours de circonstances locales, de faits topographiques qui ne se représentent jamais avec la même physionomie.

Pourtant les auteurs du projet ont voulu citer deux précédents :

1°. Celui de communes du département de la Meurthe dont les limites ont été changées par une loi du 21 mars 1855.

Mais rien n'indique les motifs de ce changement. Le Moni-

(1) Le territoire de Fontainebleau comprend la presque totalité de la forêt qui a 16.000 hectares, il s'étend ainsi à 10 ou 12 kilomètres de la ville. A-t-on jamais vu la police municipale produire son action sur les routes impériales et départementales qui traversent cette forêt ?

teur du 18 février et le Bulletin des lois, n° 277, auxquels on renvoie, ne donnent pas ces motifs.

En conséquence, il n'y a pas lieu de s'occuper d'une affaire inconnue parmi nous.

2°. Le précédent de Montereau, suivant un extrait cité, aurait été motivé sur la nécessité de donner à la ville de Montereau qualité pour exercer une surveillance nécessaire sur le sol de la gare.

Cette citation est incomplète et conséquemment inexacte, car son auteur a oublié de faire connaître le point de départ de l'exposé des motifs fait au nom du conseil d'Etat.

Cet exposé débute ainsi :

« Les chemins de fer de Paris à Lyon et de Montereau à « Troyes ont leur point de jonction à **50 MÈTRES** *en-* « *viron des dernières maisons de Montereau.*

« C'est à ce même point qu'est établie la gare commune « qui dessert cette ville ; mais cette gare n'est pas située sur le « territoire de Montereau, elle est comprise dans le territoire « de Varennes, commune rivale dont le chef-lieu *est à plus* de « DEUX KILOMÈTRES. »

Ce n'est qu'après avoir établi ces faits, que le conseil d'État en tire les conséquences qu'on a invoquées sans en faire connaître l'origine.

Ainsi la base de la nouvelle délimitation de Montereau, le point de départ des considérations qui l'ont motivée, consistent dans une question de distance dont l'influence s'exerce sur les moyens de surveillance. — Suivant le conseil d'Etat, le point de jonction des deux chemins de fer, et leur gare commune, ne sont situés *qu'à cinquante mètres* des dernières maisons de la ville, tandis que le chef-lieu de Varennes serait *à deux kilomètres* du même point. — (Le conseil d'Etat aurait pu ajouter que les communes de Montereau et Varennes se trouvent à peu près sur la ligne des chemins de fer, et que l'immense gare de ces deux chemins est placée entre le chef-lieu de Varennes et la ville de Montereau, tellement que, pour faire le trajet de Varennes à Montereau, il faut passer devant cette gare, derrière laquelle est la commune de Varennes).

Quel rapport y a-t-il entre les faits dont le conseil d'Etat a tiré des conséquences dans l'affaire de Montereau, et ceux qui sont relatifs aux communes de Fontainebleau et d'Avon?

La gare de Fontainebleau, faite pour un seul chemin, est loin d'avoir les dimensions et l'importance de la double gare de Montereau.

Les dernières maisons de Fontainebleau, déjà loin du centre de cette ville, sont séparées de la gare par une distance au moins vingt fois plus grande que les 50 *mètres* qui ont déterminé le conseil d'Etat lorsqu'il a fixé le sort de la gare de Montereau. — La gare de Fontainebleau, cernée de toutes parts par les maisons qui dépendent d'Avon, n'en est pas séparée par la distance de deux kilomètres que le conseil d'Etat a constatée entre Varennes et la gare de Montereau.

Outre les considérations de faits particuliers relevés par le conseil d'Etat, d'autres raisons avaient déterminé la réclamation de la ville de Montereau. — Cette ville, industrielle et agricole, avait besoin du terrain qui l'environne ; — le territoire de Varennes s'étendait jusque dans l'intérieur de ses murs, et comprenait presqu'une partie du faubourg du Gatinais, tellement qu'autrefois le terrain qu'occupe aujourd'hui le magnifique bâtiment de l'hospice se trouvait sur Varennes.

Lors de l'établissement de la gare, il n'y avait pas, comme à Fontainebleau, une admirable route départementale reliant la station à la ville; il a fallu créer la belle avenue qui existe aujourd'hui. Ce n'est pas sur et par la commune de Varennes que pouvait être faite cette dépense. — Pour mettre la ville de Montereau à même d'y concourir, on a complété l'œuvre commencée en 1834, en réunissant à la ville de Montereau la portion de territoire qui touche à ses maisons, et dont les habitants sont propriétaires (1).

Aucune de ces circonstances ne se rencontre dans la situation que la ville de Fontainebleau voudrait changer dans un but qui n'est point avoué par l'intérêt général.

(1) Il était convenable qu'un sol possédé exclusivement par des habitants de Montereau, fût attribué à cette ville. Par la même raison, il ne serait pas convenable que des terrains dont la plus grande partie est possédée par des habitants d'Avon, fussent attribués à Fontainebleau.

§ 4.

Motifs tirés de l'intérêt particulier de la ville.

Après s'être épuisée en vains efforts pour produire un prétexte d'intérêt général, la municipalité de Fontainebleau allègue des sacrifices qu'elle aurait faits pour l'élargissement de la
rue de la Coudre et pour éclairer la route ; elle parle aussi
du projet de conduire à Fontainebleau les eaux de la Seine, —
et c'est pour être dédommagée de ces prétendus sacrifices,
qu'elle convoite une portion du territoire d'Avon.

Remarquons d'abord la contradiction qui existe entre ces
raisons *d'intérêt particulier*, et le dédain avec lequel la délibération du 30 juin parle des *considérations d'argent.* —
Si le projet de délimitation se fonde uniquement sur la supré-
matie de l'utilité générale, pourquoi tant insister sur les prétendus sacrifices de la ville, et sur le dédommagement que
cette ville sollicite !

D'ailleurs ces sacrifices sont-ils bien réels ?

1°. En ce qui touche l'élargissement de la rue de la Coudre,

Sans qu'il soit besoin de rechercher, ni le chiffre de la dépense qu'il a occasionné, ni qui a supporté cette dépense, ni
même si la rue de la Coudre n'était pas depuis longtemps
frappée d'un alignement dont l'élargissement aurait été la
conséquence, il faut reconnaître que la ville n'a agi que dans
son intérêt particulier en prenant des mesures au centre de ses
communications intérieures, pour faciliter l'arrivée de la masse
des consommateurs qui viennent chaque jour, par le chemin de
fer, augmenter les produits de son octroi. — Ainsi enrichie con-
sidérablement, elle se trouve largement dédommagée des amé-
liorations et des embellissements que, comme moyens de
richesses, elle s'est faite à elle-même *intra muros.*

2°. En ce qui touche l'éclairage de la route par le gaz,

C'est encore là un moyen d'attraction et de richesses inspiré

à la ville par le voisinage du chemin de fer, et dont l'établissement s'est produit naturellement par les travaux qui ont nécessité les canaux qui conduisent le gaz à la station et aux maisons de commerce qui l'environnent.

Le bénéfice des abonnements qui en sont résultés indemnise complètement de l'éclairage dont il s'agit, la ville, propriétaire de l'usine à gaz.

En effet, il résulte d'un travail *publié*, fait par une commission du conseil municipal de Fontainebleau, que cette ville, au lieu de subir un sacrifice, retire, des travaux qu'elle a faits pour l'éclairage au gaz, un bénéfice net et annuel de 100 francs environ.

3°. En ce qui touche le projet de conduire à Fontainebleau les eaux de la Seine,

La ville tire de ce projet une double objection :

1°. Il faudrait traverser un territoire étranger.

2°. Il n'est pas juste que ce territoire profite des dépenses futures.

A l'égard de la première objection, on manque de logique, car la Seine n'est pas placée sur la portion de territoire dont on voudrait dépouiller la commune d'Avon ; elle se trouve bien au-delà du hameau des Basses-Loges dont la ville ne demande pas l'annexe à son territoire. — Le service en projet devra donc, dans tous les cas, traverser le territoire d'Avon, et peut-être même encore celui d'une autre commune.

D'ailleurs si, comme l'a observé dans l'enquête l'un des administrateurs de la ville, « La route qui, de la station conduit « à Fontainebleau, longe le territoire de la ville, duquel elle « n'est distante que de quelques mètres », — Pourquoi tant s'occuper de ce futur service des eaux, relativement au territoire d'Avon ? — Ne pourrait-on pas, en le reculant de *quelques mètres*, le rejeter entièrement sur le territoire de la ville ?

A l'égard de la deuxième objection, — pourquoi la ville se préoccupe-t-elle de profits que ne lui demandent pas les habitants du territoiret dont elle veut s'emparer ?

On verra, par la délibération de leur commission syndicale, ce que ces habitants pensent du projet en discussion. — Dès à présent il paraît certain que la portion de territoire réclamée ne demande pas le bénéfice de l'établissement annoncé.

On voit par cette discussion que c'est la ville de Fontainebleau qui, ne pouvant maintenir sa prétention à la hauteur d'un intérêt général, descend à des causes d'intérêt particulier.

Puisqu'elle est forcée d'aborder ce terrain, pourquoi ne souffrirait-elle pas l'énonciation des raisons de même nature qui militent en faveur de la commune d'Avon ?

Après avoir subi pendant plusieurs années tous les désastres de la construction du chemin de fer, tels que ceux occasionnés par des pertes de terrain, des encombrements de matériaux, le détournement des eaux destinées à l'irrigation, la présence d'un grand nombre d'ouvriers etc., — cette commune ne peut remplacer les terrains expropriés, parceque son territoire, circonscrit par la forêt, en est avare.

Les terrains qui lui restent sont dépréciés par l'ombrage de remblais et d'un viaduc dont la hauteur dépasse les maisons de plus de 25 mètres ; — la localité tout entière est ainsi dépréciée par les vents qui, en s'engouffrant sous la voûte de trente arches, y établissent un courant d'air qui produit dans tous les environs les conséquences funestes d'une température inégale. — Si la ville obtenait ce qu'elle demande, la dépréciation qui résulte de cet état de choses serait encore augmentée par la division sur deux communes de plus de 500 parcelles de 5 à 20 ares, et surtout par des difficultés de culture qui naîtraient des exigences d'un octroi soumettant à des heures et à des conditions déterminées l'enlèvement des récoltes.

Il est vrai que, reculant devant la protestation que provoque cette menace de l'extension du périmètre de l'octroi, la ville déclare n'avoir pas l'intention de la réaliser.

Si cette déclaration était sincère, elle serait, de la part de la ville, l'abandon anticipé du principal bénéfice qu'elle attend d'une nouvelle délimitation. — Mais la ville de Fontainebleau, au lieu de prendre un *engagement formel* et pur et simple, comme on l'a fait à Montereau, s'empresse de paralyser l'effet de sa déclaration dans les détours d'une restriction qui atteste que l'octroi est le but, comme il serait la conséquence de la mesure:

« A moins (dit la ville) que l'administration supérieure n'en
« juge l'utilité et l'équité (de l'octroi) à l'égard des parties du
« territoire à annexer qui, venant à profiter des avantages de
« l'agglomération, devraient alors en supporter les charges. »

Il y a dans cette réserve la révélation tout entière du sort qui attendrait la population conquise, si la conquête s'accomplissait. — On ne manquerait pas de lui dire : « Vous êtes « trop heureuse d'être associée au bénéfice de nos richesses, « vous devez en supporter toutes les charges, » — et l'octroi serait bientôt la conséquence de ce langage qu'on fait si bien entendre d'avance, dans des termes qui, malgré leur prétention à l'habileté diplomatique, le montrent à travers un voile trop transparent pour le dissimuler.

Quels sont donc d'ailleurs *ces avantages* dont parle déjà la ville ? — S'il faut en croire les indiscrètes révélations d'un bilan que la municipalité de Fontainebleau a récemment publié, une association avec cette ville ne serait qu'onéreuse pour la fraction d'habitants qu'elle veut conquérir.

Malgré les dettes qu'elle a contractées par suite de l'établissement du chemin de fer, pour faire paver la rue de Changy dans les moments les plus difficiles et les plus orageux, la commune d'Avon est loin d'être obérée comme celle de Fontainebleau ; elle est riche comparativement à la situation proclamée et publiée par sa voisine.

Les auteurs du projet, comme indemnité, promettent, il est vrai, dans un style joyeux, l'abandon de 100 hectares de forêt *à l'endroit où Avon célèbre sa belle fête patronale.*

Est-ce que cette séculaire et *belle fête patronale* apporterait à la commune un bénéfice nouveau?

Est-ce que les 100 hectares offerts dans la forêt qui appartient et ne cessera pas d'appartenir à la liste civile, dédommageraient la commune des avantages que lui procurent les établissements patentés qui existent et ceux qui se formeront sur la portion de territoire que convoite la ville, et dont le revenu cadastral s'élève à près de 3,000 fr., outre les patentes, impôts mobiliers, portes et fenêtres et prestations ? — Non, certainement, car cette portion improductive de la forêt n'apporterait à Avon que les charges résultant de la nécessité d'établir et d'entretenir des chemins communaux (1).

§ 5.

Résultat des Enquêtes.

Deux enquêtes ont été faites : l'une à Fontainebleau, l'autre à Avon.

Dans celle de Fontainebleau, 78 habitants ont été entendus, 76 seulement ont adhéré au projet de délimitation.

Ainsi dans cette ville de 10,000 âmes, qui compte plus de 2,000 électeurs, les auteurs de cette turbulente conception n'ont pu réunir que l'infime minorité de 76 adhésions, chiffre qui ne représente ni la 100ᵉ partie de la population, ni la 25ᵉ partie des électeurs, quoiqu'il comprenne des membres de la municipalité, des employés de la mairie, l'architecte de la ville, ses commis etc., etc !

Le silence de l'immense majorité des hommes d'élite qui composent la population de Fontainebleau, n'est-il pas une protestation émanée du sein même de cette population !

Dans l'enquête d'Avon, l'unanimité de la population s'est présentée et a protesté formellement. — Au milieu de cette population qui s'est soulevée avec tant d'ensemble contre la mesure proposée, on remarque des employés du chemin de fer, dont l'opinion est un indice des dispositions de la grande administration dont ils sont les agents. — Cette circonstance provoque une réflexion. — La ville de Fontainebleau, qui

(1) On sait que les 16,000 hectares de la forêt produisent peu à la ville, et qu'en ce moment il est, à la réquisition de la liste civile, procédé à une expertise administrative qui aura pour résultat de diminuer encore le chiffre des centimes additionnels dont cette ville offre d'abandonner à Avon la 100ᵉ partie environ.

D'ailleurs est-ce qu'un sol de *main-morte* peut-être comparé aux biens livrés au commerce ?

prétend avoir fait beaucoup de choses, n'a pourtant pas fait le chemin de fer ! (la commune d'Avon, en livrant ses terrains, en a fait plus qu'elle).

On se demande si, avant de consulter les convenances de 76 habitants de Fontainebleau, il ne serait pas bienséant, si non plus légal, de consulter celles de la puissante compagnie qui porte dans les contrées qu'elle traverse les richesses dont la ville de Fontainebleau recueille une si large part.

L'administration du chemin de fer, si elle était consultée, aurait à dire s'il lui serait agréable, et s'il serait agréable aux voyageurs d'être exposés aux importunités d'un octroi qui, comme à Paris, pourrait s'exercer dans l'intérieur de la gare.

§ 6·

Opinion des commissaires enquêteurs.

Cette opinion ne se produit pas avec les caractères d'un fait nouveau qui puisse faire autorité, car elle n'est point émanée d'hommes placés dans les conditions de neutralité, d'indépendance et d'impartialité qui portent avec elles la présomption d'infaillibilité.

La pureté de l'intention des commissaires n'est pas douteuse; mais ces honorables délégués n'appartiennent ni à Avon, ni à une commune étrangère au débat, ni même à l'immense majorité qui, dans la population de Fontainebleau, s'est abstenue de toute adhésion au tumultueux projet.

Membres du conseil municipal de Fontainebleau ayant signé la délibération du 2 septembre qui provoque la grave perturbation dont il s'agit, ils sortent l'un et l'autre du petit groupe des hommes qui se sont engagés (on pourrait presque dire compromis) dans l'initiative de ce projet.

On les voit prendre tour à tour les rôles les plus opposés de conseillers municipaux provoquant la mesure, rédigeant, comme secrétaire, la délibération du 2 septembre, de commissaires enquêteurs, agissant en vertu de cette délibération qui est leur œuvre (l'un d'eux, pendant l'enquête, descend même de son siége pour figurer comme témoin dans les 76 adhérents).

Lorsqu'ils prennent le rôle de juges pour donner leur avis, on voit un instant que leur conscience honnête semble vouloir s'affranchir des entraves qui la retiennent, mais qu'elle est aussitôt comprimée par le rôle de partie intéressée qu'ils reprennent comme conseillers municipaux, en visant dans la délibération du 30 juin, leur opinion de commissaires enquêteurs.

On ne peut pas être juge en sa propre cause.

Si dans un minime procès sur lequel ils se seraient prononcés d'avance, les commissaires enquêteurs auraient été incapables d'être juges, témoins, ou experts, parceque leur opinion, enchaînée à un fait antérieur, serait dépouillée d'indépendance, à plus forte raison faut-il refuser toute valeur à cette opinion quand elle est dominée par des situations de localité.

Après avoir entendu cet exposé : l'assemblée, par les motifs qui y sont développés, déclare à l'unanimité qu'elle proteste contre les prétentions et les projets mentionnés aux délibérations prises par le conseil municipal de Fontainebleau, les 2 septembre et 30 juin dernier.

AVIS

De la Section de Commune en Litige,

EXPRIMÉ PAR LA COMMISSION SYNDICALE,

———❦———

Vu : 1°. Une délibération en date du 2 septembre 1854 par laquelle le conseil municipal de la ville de Fontainebleau réclame une nouvelle délimitation entre le territoire de cette ville et celui de la commune d'Avon, laquelle délimitation aurait pour résultat de détacher du territoire d'Avon la gare du chemin de fer, la route qui y conduit, et toute une section de territoire et d'habitation ;

2°. Les enquêtes faites tant à Fontainebleau qu'à Avon ;

3°. Une nouvelle délibération prise au nom de la ville de Fontainebleau, le 30 juin dernier ;

LA COMMISSION,

Considérant que le territoire d'Avon, dans sa circonférence

séculaire, présente une figure beaucoup plus régulière que celle qui résulterait d'une délimitation nouvelle qui, au point qu'occupe la gare du chemin de fer, ne s'opérerait qu'en séparant deux portions notables de ce territoire.

Considérant qu'on ne peut capricieusement, en l'absence de motifs graves et justifiés, détruire l'œuvre que la sagesse des temps a consacrée.

Que la ville de Fontainebleau, pour s'incorporer une portion du territoire d'Avon, allègue :

1°. La loi du 16 juillet 1845 qui prescrit l'établissement du chemin de fer ;

2°. l'intérêt d'une utilité générale ;

3°. L'autorité de précédents ;

4°. Et des raisons d'intérêt privé ;

En ce qui touche la loi de 1845,

Considérant que cette loi avait pour but d'indiquer les bases du tracé de la grande artère que devaient former les deux chemins de Paris à Lyon et de Lyon à Avignon ; qu'on ne peut, sans un aveugle abus, faire descendre cette grande conception aux proportions mesquines d'une délimitation entre deux communes.

Que si l'article 3 du cahier des charges annexé à la loi de 1845, dit que le chemin de fer *traversera* les communes de Bercy et Charenton, et *atteindra* Montereau, ce qui supposerait un point de contact avec ces territoires, — il se borne à dire que ce chemin se dirigera sur la ville de Fontainebleau, *près de laquelle il passera.*

Que certainement la pensée du législateur de 1845 n'a pas tout-à-coup arrêté l'essor de sa marche grandiose pour faire une halte entre Fontainebleau et Avon, et y déposer les jalons d'une nouvelle délimitation entre ces deux communes.

Que la grande ligne de Paris à Lyon, ses gares et tous ses établissements ne rempliraient pas leur merveilleuse mission, si l'indépendance de leur existence et de leur action pouvait subir le contact des ambitieuses prétentions, du petit amour-propre, ou des spéculations d'une ville.

Que c'est donc dans les aberrations d'un moment d'illusion que le conseil municipal de Fontainebleau a, le 2 septembre 1854, considéré la Station du chemin de fer comme un des *principaux établissements de cette ville.*

Considérant que si une ligne de chemin de fer pouvait, dans certains cas, occasionner une délimitation de territoires, ce serait lorsqu'elle peut former elle-même la séparation entre deux communes ; qu'ainsi, si la ville de Fontainebleau se trouvait d'un côté et la commune d'Avon de l'autre côté de la ligne ferrée, il pourrait être rationnel de considérer cette ligne comme bornage entre les deux territoires ; — mais que, loin d'en être ainsi, les deux communes de Fontainebleau et d'Avon sont placées l'une et l'autre sur la droite du chemin de fer ; — que le territoire d'Avon, traversé par cette ligne qui plane au-dessus de ses maisons, resterait, sous ce rapport, dans le même état, si la ville obtenait le changement qu'elle sollicite, puisqu'une portion du hameau de Changis et le hameau des Basses-Loges, qui sont de l'autre côté du chemin de fer, resteraient à la commune d'Avon ; — qu'il suit de là que ce changement, en brisant l'harmonie de la configuration actuelle, n'apporterait aucune amélioration.

En ce qui touche les prétextes d'intérêt général ;

Fondés : 1° sur la surveillance ; — 2° sur l'entretien de la route :

Considérant, sur le premier de ces prétextes qui aurait pour but de donner à la police municipale de Fontainebleau un droit de surveillance ; — qu'à l'égard de la gare, il résulte de la loi du 15 juillet 1845, que la police des chemins de fer s'exerce en dehors de la diversité arbitraire et incohérente des mesures municipales.

Qu'à l'égard de la route qui relie la ville à la gare, elle constitue une propriété départementale placée sous la surveillance de la gendarmerie impériale et du commissaire de police *cantonnal* qui relèvent eux-mêmes de la police judiciaire et de la police administrative de l'arrondissement ; qu'aucune nécessité d'intérêt public n'exige que la municipalité de Fontainebleau ait qualité pour s'interposer entre ces agents de surveillance et leurs supérieurs ; que, depuis 7 ans environ, époque à laquelle remonte l'ouverture de la première section du chemin de fer de Lyon, la sécurité publique a été complètement sauvegardée par la gendarmerie départementale, dont la surveillance n'a jamais été signalée comme insuffisante ; que l'institution nouvelle d'un commissaire de police cantonal qui commande aux gardes-champêtres, est venu offrir à cette surveillance un concours surabondant.

Considérant que, si la ville de Fontainebleau a un garde-champêtre, comme la commune d'Avon a le sien, elle n'a pas de moyens de surveillance spéciaux plus efficaces pour agir sur la route dont il s'agit, route éloignée du centre qui retient sans cesse sa petite police municipale ; qu'il est évident que les agents de cette impuissante police, qu'on ne voit jamais aux extrêmes limites de la ville, apparaîtraient bien moins encore sur une route qui, au point qu'occupe la gare, se trouve à 3 kilomètres du centre de Fontainebleau ; que d'ailleurs la présence de ces agents ne pourrait qu'occasionner des conflits funestes pour la paix publique, avec les autres moyens de surveillance dont la direction plus solide et plus expérimentée, a besoin de n'être pas troublée dans son ensemble, pour accomplir l'œuvre de protection et d'ordre public qui, depuis sept ans, n'a rien laissé à désirer.

Considérant, sur le prétexte tiré de l'entretien de la route, que cette route, en conséquence de son caractère *départemental*, n'a nullement besoin des secours de la ville de Fontainebleau ni de la commune d'Avon.

En ce qui touche l'autorité qui résulterait du précédent concernant la gare de Montereau,

Considérant que ceux qui invoquent ce précédent ont incomplètement et, en conséquence, inexactement reproduit l'exposé du conseil d'Etat ; que, sous l'influence de leurs préoccupations, ils ont omis de citer la première partie qui, dans cet exposé, précise les faits qui ont motivé la mesure concernant Montereau ; — que, d'après le conseil d'Etat, le point de jonction des deux chemins de Lyon et de Troyes, ainsi que la gare commune, seraient à *cinquante mètres* des maisons de Montereau et à *deux kilomètres* de Varennes ; — que ce sont ces circonstances particulières, plus ou moins exactes, qui forment la base de l'avis cité à l'appui des prétentions de Fontainebleau ; — que l'influence de ces distances ne peut agir sur le sort de la gare de Fontainebleau, puisque cette gare, placée à 3 kilomètres du centre de la ville, est encore séparée des dernières maisons par une distance qui excède au moins 25 fois celle indiquée au conseil d'Etat dans l'affaire de Montereau ; — que la gare de Fontainebleau n'est pas non plus à *deux kilomètres* d'Avon, puisqu'elle est entourée par les maisons de cette commune, en contre bas de la voie ferrée.

Considérant que la nouvelle délimitation de Montereau ne détachait de Varennes que des terres sans y comprendre, comme à Fontainebleau, les habitations d'une section de commune tout entière ; que cette délimitation avait puisé son origine dans la double circonstance locale : 1º de la composition vicieuse du territoire de Montereau qui autrefois ne comprenait même pas l'hospice qui forme le principal monument de cette ville ; 2º de l'absence de toute route départementale pour relier la gare à la ville.

Que pour mettre la ville à même de concourir à l'établissement de l'avenue qui existe actuellement, il a fallu comprendre dans son territoire le terrain sur lequel se trouve cette avenue.

Considérant que ces faits topographiques n'ont rien de commun avec ceux de Fontainebleau ;

Que, par la même raison, il n'y a pas lieu de s'occuper de faits inconnus se rattachant à un précédent du département de la Meurthe.

En ce qui touche les raisons d'intérêt particulier,

Considérant que la ville de Fontainebleau prétend avoir fait des dépenses pour l'élargissement de la rue de la Coudre et l'éclairage de la route ; qu'elle annonce aussi le projet d'établir un service des eaux de la Seine ; que c'est à titre de dédommagement qu'elle demande l'annexe à son territoire d'une portion de la commune d'Avon ;

Mais que ces motifs d'intérêt particulier ne peuvent remplacer les raisons d'intérêt général qui manquent ; qu'ils impliquent même contradiction avec le mépris que la délibéra-

tion du 30 juin exprime à l'égard des *considérations d'argent*.

Considérant que si la ville, pour attirer des consommateurs
dans l'intérêt de son octroi, a cru devoir spontanément
faire des travaux quelconques, ce n'est pas une raison pour
qu'elle soit indemnisée au préjudice de la population d'Avon,
et surtout de la portion de cette population qui, ajoutée à
celle de Fontainebleau, subirait les charges dont cette ville se
déclare grevée.

Que si les chiffres posés dans sa délibération du 2 septembre
étaient exacts, l'indemnité dont il s'agit serait même dérisoire,
puisque la portion de territoire réclamée ne produirait que
peu d'avantages, suivant cette délibération.
Considérant qu'il suivrait de là que le seul avantage réel
consisterait pour la ville, dans l'extension des limites de son
octroi.

Mais que cette mesure, qui comprendrait nécessairement le
périmètre dans lequel se trouve la gare, serait un acte vexa-
toire pour les voyageurs, funeste au chemin de fer et contraire
à l'intérêt général ; qu'elle serait ruineuse pour la population
détachée de la commune d'Avon, dans laquelle il y a des propriétaires d'usines qui n'ont engagé leurs capitaux et leur
industrie que sous la foi d'une situation qui les affranchissait
de toutes charges d'octroi.

Considérant que la ville de Fontainebleau, mise en demeure
par l'enquête de s'expliquer sur cette conséquence directe et
immédiate de sa prétention, essaie d'éluder toute explication
par un langage qui ne porte pas le cachet du sentiment qu'on
ne peut répudier impunément ; qu'en déclarant n'avoir pas
l'intention d'étendre l'octroi, elle détruit aussitôt cette déclara-
ration, et s'affranchit de tout engagement, en empruntant et en
compromettant le nom respecté de l'administration supérieure, dans une restriction fort peu conforme à la sincérité et
à la dignité des actes officiels.

Que cette restriction est conçue dans des termes qui attes-
tent que l'extension de l'octroi est dans le but secret de la
mesure sollicitée.

Que, par la première partie de la déclaration du 30 juin,
on a voulu sortir de l'embarras dans lequel plaçait une objec-

tion que ne pouvait combattre aucune raison équitable ; mais que, par la restriction qui forme la deuxième partie de cette déclaration, on a voulu effacer la trace de tout engagement, et conserver l'octroi abusivement, comme l'une des conséquences de la délimitation projetée.

Considérant que l'attitude regrettable que ce langage équivoque donne à la ville de Fontainebleau, constitue une nouvelle dissemblance avec l'affaire de Montereau, lors de laquelle cette dernière ville avait nettement et sans d'indignes restrictions, renoncé à l'octroi.

Considérant que, dans l'enquête, l'immense majorité de la loyale population de Fontainebleau a été loin de s'associer au sentiment dont le langage de la délibération du 30 juin est l'expression ; — que, dans cette ville de 9 à 10,000 âmes, le projet n'a trouvé que 76 adhésions, en y comprenant celle de ses principaux auteurs ; — que le silence d'une majorité qui atteint presque les proportions de l'unanimité, soit qu'il atteste une réprobation, soit qu'il atteste une profonde indifférence, renferme, de la part de la ville de Fontainebleau, une protestation contre tout ce qui a été dit et fait en son nom.

DÉTERMINÉE par ces considérations, la Commission exprime à l'unanimité l'avis qu'il n'y a pas lieu de modifier le territoire d'Avon.

Montereau. — Imprimerie de Léon Zanote.

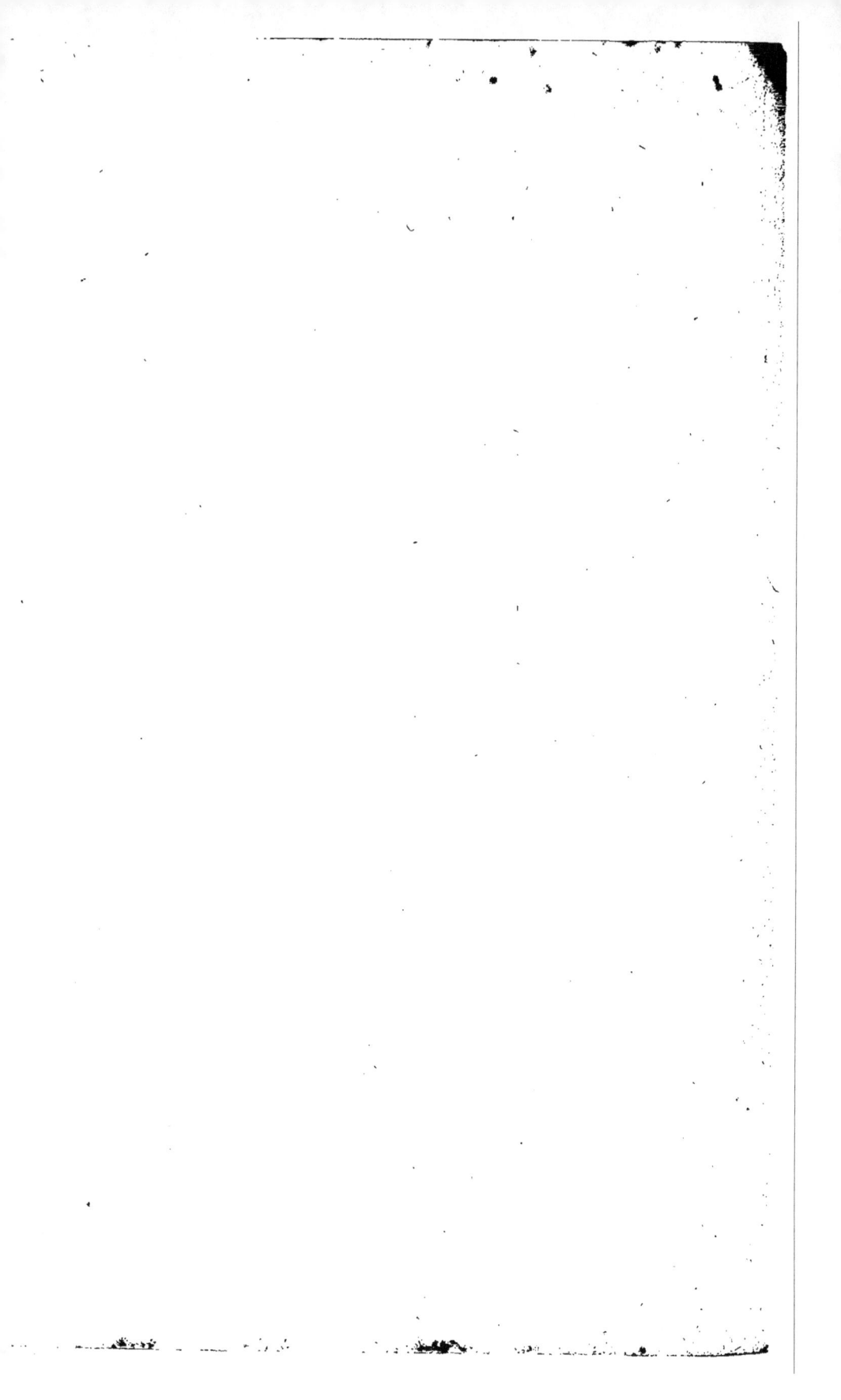

www.ingramcontent.com/pod-product-compliance
Lightning Source LLC
Chambersburg PA
CBHW061803040426
42447CB00011B/2455